呀！原来是这样丛书

消失的神秘古国

四季科普编委会 编

中原出版传媒集团
中原传媒股份公司
河南电子音像出版社
·郑州·

图书在版编目（CIP）数据

消失的神秘古国 / 四季科普编委会编 . -- 郑州：河南电子音像出版社，2025.6. --（呀！原来是这样）.
ISBN 978-7-83009-537-6

Ⅰ．K109

中国国家版本馆 CIP 数据核字第 2025BW0133 号

消失的神秘古国

四季科普编委会　编

出 版 人：张　煜
策划编辑：岳　伟
责任编辑：荆晓培
责任校对：马　玉
装帧设计：吕　冉　四季中天
出版发行：河南电子音像出版社
地　　址：郑州市郑东新区祥盛街 27 号
邮政编码：450016
电　　话：0371-53610176
网　　址：www.hndzyx.com
经　　销：河南省新华书店
印　　刷：环球东方（北京）印务有限公司
开　　本：787 mm×960 mm　　1/16
印　　张：7.75
字　　数：77.5 千字
版　　次：2025 年 6 月第 1 版
印　　次：2025 年 6 月第 1 次印刷
定　　价：38.00 元

版权所有，侵权必究。

若发现印装质量问题，请与印刷厂联系调换。
印厂地址：北京市丰台区南四环西路 188 号五区 7 号楼
邮政编码：100070　　　电话：010-63706888

目 录

神秘的天府之国 / 1

以盐为命脉的古老民族 / 6

勾践后裔的丰功伟绩 / 12

生命力顽强的迷雾之国 / 18

驰骋草原的匈奴帝国 / 24

妄自尊大的神秘古国 / 31

史诗般的青铜国度 / 38

你知道千里马的故乡在哪儿吗 / 43

迷雾笼罩的文明国度 / 49

亦真亦幻的大漠明珠 / 56

从树皮上发现的王国 / 62

因为"斗气"建立的国家 / 69

从部落联盟到草原霸主的传奇 / 76

找找丝绸之路上的那颗明珠 / 83

布达拉宫背后的传奇王国 / 90

好战之邦的权力角逐 / 96

用绳子来记事的国家 / 102

延续千年的神奇国度 / 108

古代的非洲文明在这里诞生 / 113

神秘的天府之国

当越来越多的历史故事中提及古蜀国这个名字，我们便对它充满了好奇，可是史书对它的记载常以简短几个字带过。许多人甚至在想，古蜀国真的存在过吗？纵观历史，古蜀国似乎知道我们在找它，故意披着面纱与我们若即若离地玩起了捉迷藏的游戏。

被遗弃的家园怎么了

成都平原"宝墩文化"的发现，证实了宝墩人是古蜀文明的奠基者之一。宝墩人生活在 4500—3700 年前，以稻作农业为主。为扩大耕地，他们曾通过砍伐林木开荒；然而，随着时间推移，土地肥力下降与环境变化等因素叠加，迫使他们不得不搬到其他地方，重建家园。不过，考古实证显示，宝墩人在发展中持续改进农业技术，并在与其他文化的交流中吸纳新经验，有力地推动了社会进步。这种文化演进为三星堆文明的兴起奠定了基础，展现了古蜀文明发展的连续性，为研究古蜀国起源提供了重要线索。

金沙遗址揭示了什么

2001 年，在成都西北郊外金沙村，一项下水道挖掘工程，使得沉睡千年的青铜器、金箔、象牙、玉琮、玉璧、玉璋、玉戈、石人等文物大量出土，让在寻找古蜀国踪迹的人们激动不已。从这些出土文物中的祭祀礼器分析，不难判断，这绝对是古蜀国留给我们的珍贵遗产。经过大量的发掘工作，大批的文物和遗迹得以重见天日。遗址的规模也带给人们不小的震撼，那些居住地、墓地及宗教的祭祀活动区等，都让人们领略到了古蜀国灿烂的文化。

船棺葬下的岁月

古蜀国有着独特的丧葬习俗——船棺葬。其具体操作方式很特别：先将整根木头沿纵向锯去三分之一，然后将剩余部分挖凿成独木舟的形状，用来盛放尸体及随葬品。早在1954年，考古专家就发现了古蜀国独特的船棺葬文化，后来四川又陆续发掘出大量相关墓葬。2000年，在成都某机关食堂的下面，发掘出一处长30.5米、宽20.3米的船棺墓地。

考古人员发现，这些墓坑内被放入了多具棺木，均为楠木制成，其中最长的一具有18.8米。令人困惑的是，这里葬下的竟然多为年轻人：只有两名女性年龄稍大一些，但也不过35岁左右，还有两名男性30岁左右，其余的均在15～20岁之间——这些大多是未成年的孩子啊！关于古蜀国为何会出现这种以相对年轻个体为主的墓葬情况，至今还是个谜。

你们知道三星堆是怎么回事吗

三星堆遗址，坐落于四川省广汉市西北的鸭子河南岸，其分布面积达12平方千米，距今已有5000—3000年的历史，是迄今西南地区发现的范围最大、延续时间最长、文化内涵最丰富的古城、古国、古蜀文化遗址。它被称为20世纪人类最伟大的考古发现之一，昭示了长江流域与黄河流域一样，同属中华文明的母体，被誉为"长江文明之源"。

其中出土的文物皆是宝贵的人类文化遗产，在这批古蜀秘宝中，有高2.61米的青铜大立人，有宽1.31米的青铜面具，更有高达3.96米的青铜神树等，这些均堪称独一无二的旷世神品。

以盐为命脉的古老民族

在我国先秦时期，一个古老而神秘的民族在今鄂西、川东一带，建立起一个国家——巴国。巴国人没有自己的文字，却创造出流传至今的"巴国文化"。同时，巴国也成为人们心中不解的谜。这个古老的国度在经历了战争、灾荒之后，消失得毫无踪影，如今仍像梦一样让人无迹可寻！

"盐巴"是这样产生的

小朋友们都知道盐，它是美味佳肴离不开的一味佐料，也是我们生活的必需品。可是，纯白无瑕的它曾经却是巴国战争的诱因。巴国被传颂为"东方乐土"，曾有"不耕而食，不织而衣"的历史传说。巴国人似乎生来就善于经商，在发现盐对人们生活的重要性后，逐渐将盐占为己有，于是需要盐的人们，只得用自己的特产与他们交换。从那时起，盐又被称为"盐巴"。

"水上流莺"由何而来

巴国人从小在江边长大，船是他们必不可少的交通工具。为了生存，他们充分利用这个便利的生活条件，行舟捕鱼，然后将鱼卖给三峡两岸的农牧民族。不久，他们发现三峡一带的食盐被巫咸国垄断了。聪明的巴国人迅速凭借他们善于经商的头脑，转型成为食盐经销商。他们坐在独木舟上，开起了漂泊在水面上的盐铺，因而被称为"水上流莺"。

"盐"之有道

善于探索的巴国人不甘只做食盐的经销商。他们在发现天然盐泉后，通过观察卤水特性，掌握了煮盐技术。巴国人将盐泉涌出的卤水引入陶制容器，以柴火煮沸，水分蒸发后析出盐晶。重庆忠县中坝遗址出土的尖底陶杯和制盐灶坑，印证了这种工艺。凭借盐业之利，巴国人开辟了连通长江中下游的"盐道"，推动了区域经济的繁荣。

盐为什么让他们战争不断

永不满足的巴国在发现并拥有了越来越多的产盐区域后，成了当时最大的产盐国。可是随着贸易越做越大，战争也接连不断地发生了。膨胀的贪欲让巴国人总想要拥有更多的领地，于是他们开始向周边各国发起战争。经过了数十年，那个让他们一直愤愤不平的国家——最初切断他们盐路的巫咸国，最终也落入了巴国人的手中。这也成为巴国历史上最为光辉的时刻。

巴国最终的命运

战国时期，巴国人奋力打拼、苦心经营的天下让他们衣食无忧；而且用食盐换取来的大批珍珠、皮革等奢侈品满足了他们的虚荣。然而，巴国人的生活已不再简单淳朴，极致的享受消磨了他们的斗志，让他们不再想去奔波开拓了。他们对盐资源的垄断，逐渐激化了与邻国的矛盾。于是那些长期遭受巴国欺压的邻国开始联合反制,他们不再听任巴国的差遣,最终发动了战争。曾经的好邻居、合作伙伴陆续倒戈,巴国因此而衰落,多年来赖以生存的盐场也落入了他国之手。

猜猜看

巴国人怎么把盐送往他国

最初巴国人凭借两种方式运送食盐：一种是靠人力通过两岸山岭中的羊肠小路背运，另一种是用小船载运。但是这两种方式由于受环境的影响，都没有达到很好的效果，于是巴国人在悬崖上修建了栈道。水位正常时，他们拉着运盐的木船逆流而上；枯水季节，他们就用骡马沿栈道驮运食盐，这样保证了运输既安全又高效。

勾践后裔的
丰功伟绩

你们肯定听说过越王勾践卧薪尝胆的故事,那么,你们知道越王勾践的后裔去了哪里吗?他们又有着怎样神奇的经历和精彩的历史传说呢?让我们走进闽越国,了解一下勾践后裔的丰功伟绩吧!

崇拜蛇的闽越人

越王勾践卧薪尝胆消灭吴国100多年后,越国的历史也走到了尽头。公元前334年,越国被楚国所灭,幸存的越王后裔从浙江撤退到福建,与当地的土著一起生活。又过了100多年,勾践后裔无诸被汉高祖刘邦册封为闽越王,建立了闽越国,所以在历史记载当中,无诸被称作"开闽始祖"。

福建省简称"闽",源于古代闽地土著的文化信仰。古闽人以蛇为图腾,盛行崇蛇习俗。据《说文解字》释义:"闽,东南越,蛇种。"古人将蛇雅称为"长虫","闽"字的构成为"门"内藏"虫",既暗合闽人将蛇奉为家神的传统,也体现了地域文化特色。至今福建一些地区仍保留着蛇王庙、蛇神祭等民俗遗存。

了不起的闽越国

闽越国是福建历史上建立时间最早、存在时间最长的地方割据政权,同时也是最为强盛的古国。

这个国家的建立，是福建文明史上很重要的一件大事。直到今天，福建人还在以闽越国为荣。所以说，越王勾践的后裔是很了不起的。

闽越国给我们留下了许多名胜古迹。在福建省的省会福州，与闽越王无诸和他的后人有关的"越王"遗迹几乎随处可见。这里的越王山、闽越王庙、王墓山、钓龙台、余善墓等历史古迹吸引了众多游客。凡是来这里旅游的人，都会借此来了解闽越国的灿烂文化。

闽越国是一个音乐的国度。唱歌是闽越人日常生活必不可少的组成部分。直到今天，很多土生土长的福建人还会哼唱具有浓厚乡土气息的福建山歌。这些山歌很多都是从2000多年前的闽越国流传下来的呢。

喜欢唱歌的人自然不会讨厌跳舞。考古学家从闽越国时期的古墓当中挖出了很多珍贵的文物，很多文物上画的都是闽越人载歌载舞的场景，其中以铜鼓上的舞蹈纹饰最具代表性。铜鼓上的舞者装扮很是独特,他们头戴插有羽毛的帽子,身穿用羽毛做成的长裙,看起来就像一群仙鹤。舞者2~3人为一组,共8组。可以想象,这些相对独立的舞蹈小组,同时蹁跹起舞,无疑就组成了多姿多态的大型集体舞了。这类舞蹈模仿仙鹤振翅高飞的样子,舞姿极其优美,令人赏心悦目。

闽越国被汉武帝消灭了

"开闽始祖"无诸建立闽越国的时候，他们跟中原的大汉王朝保持着良好的关系。可是后来，汉朝的皇帝开始以各种借口撤销分封的诸侯国，导致很多诸侯王不再服从朝廷的管束，起兵叛乱。汉景帝时期，当时的闽越王支持汉朝的诸侯王吴王刘濞起兵反抗朝廷。结果刘濞的叛乱很快被平息了，吴国也被汉朝给撤销了，刘濞的儿子刘驹逃到了闽越国，闽越王收留了他，因此得罪了汉朝。

汉景帝去世后，汉武帝继位。公元前110年，汉武帝派遣四路大军进攻闽越国。与疆域广阔的汉王朝相比，闽越国只是一个小国，根本无力抵抗汉武帝的大军，所以闽越国很快就灭亡了。

然而，王权能够摧毁建筑，战争可以改写历史，但生命却生生不息，精神亦永垂不朽，闽越国那些精彩的故事和璀璨的文化不可磨灭，将永远被后人铭记。

猜猜看

你们知道福建土楼吗

福建土楼是中国福建省传统居民建筑，其代表主要有龙岩市的永定土楼，漳州市的南靖土楼、华安土楼、平和土楼、诏安土楼、云霄土楼、漳浦土楼，以及泉州市的安溪土楼等。

福建土楼产生于宋元，成熟于明末、清代和民国时期，并在2008年7月6日被正式列入《世界遗产名录》。

福建土楼以石为基，以生土为主要原料，分层交错夯筑，配以竹木作墙骨牵拉，丁字交叉处则用木定型锚固。福建土楼形状多样，包括圆形、半圆形、方形、四角形、五角形、交椅形等，其中圆形的土楼最为引人注目，当地人称之为圆楼或圆寨。福建土楼遵循了"天人合一"的东方哲学理念，就地取材，选址或依山就势，或沿循溪流，建筑风格古朴粗犷，形式优美奇特，尺度恰到好处，功能齐全实用，与青山、绿水、田园风光相得益彰，构成了适宜的人居环境以及人与自然和谐统一的景观。

生命力顽强的
迷雾之国

　　历史上很多消失的古国，都仿佛昙花一现，短暂灿烂后便湮没在历史的长河之中。可是有这样一个神秘的古国，竟然凭借着顽强的生命力，存在了十几个世纪！下面，就让我们一同走进这个重重迷雾笼罩下的国家。

历史悠久的歌舞之乡

"一唱雄鸡天下白,万方乐奏有于阗(tián)",这是毛主席诗词中的名句,这个因歌舞音乐而闻名的于阗便是我们要介绍给大家的神秘古国。

于阗是古代西域王国,位于塔里木盆地南部,曾经是丝绸之路上南道的大国,大致包括现在新疆的和田、墨玉、洛浦等地。

于阗是有名的歌舞之乡,而今天的和田地区仍旧是新疆的歌舞之乡。

传说中国最早的音律就来自于阗。黄帝曾经让乐官伶伦制定音律。伶伦历尽坎坷,走了好久好久,终于来到了昆仑山脚下。在巡守昆仑山的山神陆吾的帮助下,伶伦在"嶰溪之谷"找到了适合做乐器的竹子。他仔细挑选了12根修竹,做成12支竹笛。但他试吹之后,音调却很不协调。正在这时,一对凤鸟飞来,它们美妙动听的鸣叫声启迪了伶伦。他模仿凤鸣之声反复吹奏,直到声音和谐悦耳。就这样，伶伦制成了十二律，使后来的人们有了创作和演奏音乐的规范和依据。伶伦的功绩被后人称为"伶伦造律"。

盛产美玉的好地方

于阗是一个富有的国家，那里不仅花果繁茂，还有特产"三宝"：玉石、丝绸、地毯。"三宝"中最珍贵漂亮的就是和田玉了，而在藏语中，于阗的意思就是"产玉的地方"。发源于昆仑山的玉龙喀什河和喀拉喀什河流经这块绿洲，河中盛产美玉，其中品质上乘者呈白色，像羊脂油一样洁白润滑，故名羊脂玉。和田白玉曾经还是皇帝制作玉玺的材料呢。

纯正的玉有两种，一是软玉，一是硬玉（俗称翡翠），而于阗所产的玉是软玉。早在7000多年前的新石器时代，昆仑山下的原始人就发现了和田玉，他们把玉石制成生产用具和装饰物品。从殷商时代起，和田玉慢慢走向中原地区，成为王公贵族们的宝贝。商代时，朝廷已经开始对昆仑玉石进行大规模开采，在殷墟"妇好"墓中，出土了700多件玉饰随葬品，其中大部分玉石都来自于阗。

西域最早的佛教中心

于阗是一个信奉佛教的国家，作为西域最早的

佛教中心之一，于阗号称"佛国于阗"，晋法显、唐玄奘都曾在于阗留下足迹，见证着这里久远且深厚的佛教传承和历史。

当时中原的很多佛教经典，都来自于阗，可以说那里成了中原佛教的源泉之一。中国第一个西行取经的汉族僧人朱士行，他就曾到于阗求取梵文的经书《大品般若经》。而我们最熟悉的唐僧原型——玄奘法师，在取经途中也路过于阗，并且受到了当地民众的热情接待。

于阗国存在了多久

西汉时期，尉迟氏建立了于阗国，并成为西域南道国势最强的国家之一。又因为地处丝绸之路，贸易往来为它带来了空前的繁荣。虽然经历了无数战乱纷争，可是这个小国却展现出顽强的生命力，存续1200多年而屹立不倒，真是一个令人无法想象的奇迹！

猜猜看

中国的"四大名玉"

中国"四大名玉",一般是指新疆的"和田玉"、辽宁岫岩满族自治县的"岫岩玉"、河南南阳的"独山玉"、陕西蓝田的"蓝田玉"。"和田玉"就是上文中提到过的软玉中的上品;"岫岩玉"质地温润、色泽丰富,兼具历史底蕴与工艺价值;"独山玉"又称"南阳玉"或者"南玉",它的颜色斑驳陆离,是玉雕的一等原料;"蓝田玉"是中国开发利用最早的玉种之一,迄今已有5000多年的历史。

驰骋草原的匈奴帝国

在我国广袤的北方草原上,曾生活着一个强大的游牧民族——匈奴。他们建立起势力庞大的政权,极盛时一度横跨欧亚大陆,创造了辉煌的历史。不过,大约700年后,这个强盛的国家及其民族在历史的长河中逐渐消失了,他们究竟遭遇了什么?又是谁夺走了他们的领土?接下来,就让我们一起揭开这段历史的面纱吧!

大草原上的统领

内蒙古大草原最初是由匈奴统治的,当时,匈奴就把政治和经济中心建在了今天的内蒙古自治区的河套及大青山一带,后来慢慢移居到了漠北。在古代,匈奴是生活在欧亚大陆的游牧民族。通过查阅史料中对匈奴的记载,我们还发现了一个小秘密,原来早在公元前七八世纪,匈奴就已经在中国北方的很多地方发展起来了,并且还建立了氏族和部落联盟哦!

是谁创立了匈奴国呢

为了寻找这个匈奴国的建立者,我们就要回到公元前3世纪去看看啦!那个时候,匈奴人已经学会使用铁器了,坚硬的铁器可是当时军事实力的象征啊!匈奴有了强大武器之后,就经常向秦、赵、燕发起攻击,展现自身的威慑力。而匈奴国的建立者就是《史记》中提到的头曼,他将匈奴发展成一个具有强大军事实力和政治势力的国家。然而当时的中原正被实力雄厚的秦朝所统治，所以匈奴只得暂时把自己的势力范围缩小至阴山到河套以北一带。不过匈奴怎么会甘心永远缩在一个小角落里呢？

要选谁继承王位呢

当头曼感觉自己已经老了，不能继续统治国家的时候，他就开始犯了难，因为自己有两个儿子，但王位只能传给一人，这该怎么办呢？于是，年老昏庸的头曼做了一件十分荒唐的事情。他为了表示对宠妃的重视，草率地立她的儿子做了太子，废黜了原太子冒顿（mò dú），并且这个狠心的父亲还把冒顿送到月氏（zhī）国去做人质，然后又去突击月氏国，想让月氏国王把冒顿给杀了。可是聪明的冒顿不但没有被杀掉，还偷了匹好马逃了回来，夺回了太子之位，并最终登上国王宝座。

草原狼王的铁血法则

冒顿统领军队有自己的一套方法，他要求部下必须对自己言听计从。他制作了一种响箭，规定他的箭射向哪儿，他的部下就要射向哪儿，若有迟疑或是不听他指挥的，统统斩首示众。冒顿就是这样一个怪怪的还有些残忍的人，他可以用响箭杀马、杀妻、甚至杀父。他还在敌方要人、要物时都满足对方，这种看似示弱的行为让群臣大为不满，但又不敢反抗，只得听从。而当敌方又提出要土地时，冒顿的威力一下就迸发出来了，将敌方纷纷击溃，从此匈奴便在草原称霸，成为秦汉之际最令中原王朝头疼的边患。

哇，汉朝击败了强大的匈奴

冒顿病故以后，他的两个儿子先后继承了王位，延续着冒顿制定的政策。起初国家的政治文化和经济实力都还比较稳定，但是他们总是习惯性地欺凌他国，后来又加上内乱，匈奴的实力逐渐衰弱。公元前119年，汉武帝派大将卫青、霍去病率精骑出击匈奴。卫青和霍去病分道北上。卫青行进千余里，穿越浩瀚的大沙漠，在漠北同匈奴主力决战，取得胜利。霍去病也挥师北进，追击匈奴，大获全胜。匈奴经过漠北战役的沉重打击，再无力与汉朝对抗。

匈奴人最后去了哪里

公元1世纪，匈奴政权在东汉持续的军事打击下最终解体，其民族一分为二，分化出南匈奴和北匈奴。南匈奴归附东汉，大批族人被安置于河套平原等地区，与汉人杂居。北匈奴无力承受东汉出兵征伐，选择西迁，成为推动亚欧民族大迁徙的重要力量。南匈奴在与汉人的杂居中，逐渐放弃游牧生活，参与中原政治军事，姓氏、习俗也慢慢汉化；到了南北朝时期，他们和汉族及其他民族融合得更深了。就这样，匈奴作为一个独立民族的特性慢慢消逝，最终退出了历史舞台。

汉武帝是如何强化中央权力的呢

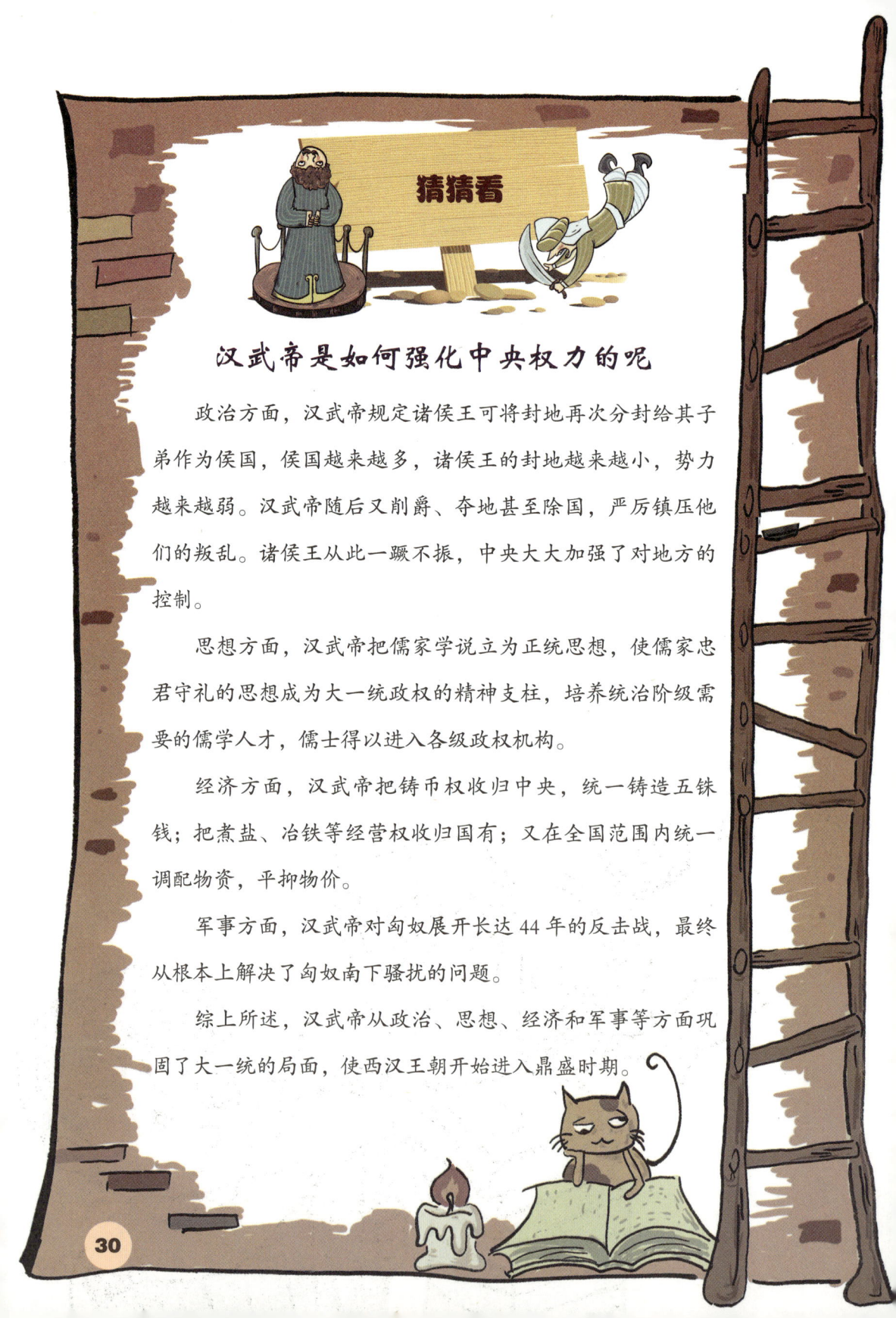

政治方面，汉武帝规定诸侯王可将封地再次分封给其子弟作为侯国，侯国越来越多，诸侯王的封地越来越小，势力越来越弱。汉武帝随后又削爵、夺地甚至除国，严厉镇压他们的叛乱。诸侯王从此一蹶不振，中央大大加强了对地方的控制。

思想方面，汉武帝把儒家学说立为正统思想，使儒家忠君守礼的思想成为大一统政权的精神支柱，培养统治阶级需要的儒学人才，儒士得以进入各级政权机构。

经济方面，汉武帝把铸币权收归中央，统一铸造五铢钱；把煮盐、冶铁等经营权收归国有；又在全国范围内统一调配物资，平抑物价。

军事方面，汉武帝对匈奴展开长达44年的反击战，最终从根本上解决了匈奴南下骚扰的问题。

综上所述，汉武帝从政治、思想、经济和军事等方面巩固了大一统的局面，使西汉王朝开始进入鼎盛时期。

妄自尊大的神秘古国

在遥远的战国时期，中国西南腹地崛起了一个神秘的古国。它曾兴盛一时，在西南地区留下浓墨重彩的一笔。然而，岁月流转，这个辉煌的古国却如晨雾般消失，只留下零星的传说与模糊的记载。

神秘的王国很尴尬

这个神秘的国家就是夜郎国，小朋友一定对这个国家很陌生，因为各种史料中能让人们对夜郎国进行了解的并不多，不过"夜郎自大"这个成语却是家喻户晓。这个成语多用来形容一个人无知却骄傲自大，而它的出处就与这个国家的夜郎王有关。于是千百年来，这个国王都在人们的脑海里扮演了一个反面的尴尬角色。那个使他尴尬至今的人就是我们熟知的司马迁，这和司马迁有什么关系呢？小朋友，你们一定想知道吧？那就来听听这个故事吧！

一天，汉朝的使者途径夜郎国，见了夜郎王。夜郎王问使者："汉孰与我大？"也就是问："汉朝与我们国家相比，哪个更大？"这可把使者笑坏了。

原来这个高傲的夜郎王是个深居简出的人，他的国家面积很小，百姓也不多，每年的物产更是少得可怜。夜郎王从来没有去过其他国家，所以还一直以为自己的国家是最大的呢！他的臣子知道夜郎

王喜欢听好话，常说夜郎国最大，夜郎王是世界上最大国家的王，于是夜郎王就信以为真了。

使者觉得好笑，夜郎国还没有汉朝一个县大，真是不知道天高地厚。司马迁还把"汉孰与我大"这句话记录到了史册中，世代相传。所以夜郎王也成了笑话，流传至今。

夜郎之谜

随着大量考古工作的展开，很多历史迷雾都渐渐消散，正当我们准备为此欢庆时，却发现夜郎依然半遮半掩不肯讲述更多关于它的故事。虽然我国考古工作已经历时半个世纪，但夜郎国依然存在着四大谜团无从考证。

谜团之一：由于夜郎国时常发生战争，疆域也不断地变动，所以夜郎的国都不可能长久地固定下来，肯定会经常变迁。但正因如此，夜郎的疆域究竟覆盖哪些范围？它的中心区域又在哪儿呢？这让

很多学者产生了分歧，争论从未中断。

谜团之二：夜郎的主体民族是苗族、彝族、仡（gē）佬族还是布依族？这四个民族现在都有着自己的民族学会，并且都在为自己的民族争取贵州先民的称号，在谜团还未解开之前，这也让学者们犯了难。

谜团之三：夜郎的社会性质是什么？是处于奴隶制社会末期，还是封建社会早期？由于缺乏直接的文献记载和系统的考古实证，其社会性质至今存疑。

谜团之四：夜郎国始建于何时？存续了多长时间？学者根据有限线索推测其存在约300年，但具体的建国时间、发展脉络，以及其间发生的重大历史事件，在文献中仅有零星记载，难以拼凑出清晰的历史框架。

夜郎国是怎么灭亡的

要说起夜郎的灭亡，其实还是和"夜郎自大"的坏习惯有关。战国时期，夜郎还是个很小的国家；但是到了西汉初期，夜郎的势力越来越强，逐渐引起了汉王朝的关注。汉朝有大臣出计用财物拉拢夜郎首领，夜郎首领不仅没拒绝，还同意汉朝百姓迁居夜郎，由此逐渐形成了汉夷杂居的局面。然而，夜郎与周边地区仍存在矛盾冲突。汉朝的太中大夫前来说和，不料夜郎王不但不领情，还雕刻了一个汉吏木偶当作靶子，和臣民一起射箭玩乐。汉朝大怒，于是出兵一举灭了夜郎。这"夜郎自大"的毛病终于让夜郎人尝到了亡国的苦果。

夜郎的大印找到了吗

《史记》中记载过这样一件事：汉武帝为使夜郎归顺汉朝，曾赏赐夜郎王一枚王印。但这枚王印在历史上长期下落不明，因此有人对《史记》的记载产生了怀疑。直到后来，这枚王印在一位苗族老人手中被发现——这位收藏王印的老人，正是夜郎人的后裔。至此，王印得以重见天日，《史记》的记载也得到了印证。

史诗般的青铜国度

云南曾存在一个古老的王国,这个王国因缺乏文字记载一度被认为是传说虚构的。那么,这个王国是否真的存在过?传说中的"滇王之印"是否已经被找到?接下来的内容将为你们揭晓答案。

王印找到啦

这个神秘的王国叫作滇国。1956年，云南省博物馆的考古学家怀着对滇国的极大好奇，在晋宁石寨山开始了第二次考古发掘。这次的考古不仅让4000多件文物重见天日，而且取得了最具突破性的发现。当他们清理棺底时，发现一个亮晶晶的东西正一闪一闪地向他们打招呼呢！这是什么呢？当考古队长小心地将落在它身上的尘土拂去，"滇王之印"四个篆字便清晰地展现在人们眼前，原来这就是《史记》中记载的，有望解开滇国之谜的那枚王印啊！

谁建立了滇国

寻找滇王的这条路充满了疑惑和不解，甚至让我国的几大史书都起了争执，这是怎么回事呢？原来《史记》和《后汉书》都认为滇国的王一定是庄蹻。可庄蹻这个人同样具有较大争议，《史记》中提到的庄蹻是一个常与楚王作对，喜欢提意见的大臣；而在《荀子》中他却又被楚王当作心腹爱将，于是庄蹻究竟是个什么样的人也就成了不解之谜。那么滇国真的是他建立的吗？在《括地志》《干道志》和著名的《资治通鉴》中都有关于滇国的记载，但是却唯独对庄蹻只字未提。目前，有一个最新的说法：滇国是由濮、羌、越等迁徙而来的民族建立的。

他们为什么向汉朝投降了呢

说到滇王向汉朝投降的原因，那还得提到汉武帝，因为是他派使臣去劝说滇国投降的。当然滇王不可能因为人家的一句话就将国家拱手相让，那也太没有骨气了！再说周围还有盟友劳浸、靡莫这两个国家和其他一些小国给自己助阵呢，俗话说"三个臭皮匠，赛过诸葛亮"，滇王根本就没把汉王朝放在眼里，于是一口就回绝了。

使者不仅没劝说成功，半路还被昆明人给劫了钱，杀了人。这下汉武帝可火了，二话不说，先击灭了两个部落，随后又派人攻打昆明，发动了一系列的讨伐。这下滇国也傻了，谁想到汉武帝这么厉害呀！当汉王朝最终将劳浸、靡莫相继剿灭后，滇王成了一位孤家寡人，不得已才举国投降汉朝了。

滇国真的消失了吗

被迫投降的滇国起初曾接连受到汉武帝的恩惠，这也就是《史记》中记载的，滇王深受汉武帝喜爱。滇王接受了汉武帝给的印，成了异姓的王，这其实是汉武帝的一个策略，他要利用滇王更好地扩张疆域。后来，大量汉族人移民到了云南，滇人被挤出了领地，从此在历史上消失了，没有人知道他们去了哪里。据说滇人四处漂泊，继续铸造着他们最具写实风格的青铜器，并打造出一部生动的青铜史诗。虽然滇国在历史上消失了，但它的文化却在当时创造了一片辉煌的景象。

云南为什么简称"滇"

云南为什么简称滇？从各种历史文献和地理资料来看，有以下几种解释。

一是有些学者认为滇就是云南的古称，来自彝语中的"diān"，意为"岩石"。云南地区多山多石，这个名称有一定的合理性。

二是可能与古代的一个少数民族——滇部落有关，这个部落世代居住在滇池边上，因此周围的地名都带有"滇"字。

三是可能与云南古国"滇国"有关。

云南特殊的地理特征、丰富的历史文化和多民族聚居的特点都为"滇"这一名字赋予了深刻的文化内涵。

你知道千里马的故乡在哪儿吗

很多人都听说过千里马的故事,说的是一种"日行千里,夜行八百"的好马,因为没有人发现它的价值而被埋没,后来伯乐慧眼识马,千里马终于发挥了自己的作用。那么,历史上究竟有没有这样的"宝马"呢?它的故乡又在哪里呢?

美丽富饶的国度

这种"宝马"又叫汗血宝马,传说它在高速奔跑时,肩膀位置会慢慢鼓起,并流出像鲜血一样的汗水。它的故乡是古时西域三十六国之一,名叫大宛。

大宛是一个美丽富饶的国度,位于帕米尔高原西麓(lù),锡尔河上、中游。大宛在匈奴西南,在汉朝正西,离汉朝万里之遥。当时出使西域的张骞这样描述:"大宛国的大小城池有70多座,人口有几十万,是一个农牧业兴盛的国家。那里产稻、麦、葡萄、苜蓿,尤以出汗血马著称。大宛的兵器是弓和矛,人们骑马射箭。"大宛西北邻康居,西南邻大月氏、大夏,东北临乌孙,东行经帕米尔的特洛克山口可达疏勒,在当时东西交通上占有相当重要的位置。

著名的"天马之战"

西汉时期,张骞出使西域,发现了这种流汗如

血一般鲜红的宝马,消息传回都城长安,立刻引起了不小的轰动。当时在位的汉武帝尚武,又特别爱马,他觉得宝马良驹是威武的象征,是纵横沙场的基础。为了夺取大量的"汗血宝马",西汉对大宛发动过两次战争,当时生灵涂炭,满目疮痍。

　　在第二次战争中,大宛人为了自保不得不向汉军投降,并答应了汉军的要求,献出他们的良马,让汉军自己挑选。汉军从中选取了 3000 多匹良马，但是这些马经过长途跋涉，到达玉门关时却仅余 1000 多匹。

汗血宝马为什么会"流血"呢

汗血宝马最让人惊奇的，就是它在奔跑时会"流血"，这究竟是什么原因造成的呢？

有人曾对汗血宝马的"流血"现象进行过考察，认为"流血"现象是由于寄生虫的影响。这种寄生虫会钻入马的皮肤内，尤其喜欢寄生于马的臀部和背部，导致马皮出现渗血的小包。清朝学者提到，这种现象不过是马生病所致。然而，这一说法存在争议，因为如果马真的因寄生虫而生病，为何这种现象仅在奔跑后出现，且现代科学也未发现确切的寄生虫证据。

另一种观点认为，汗血宝马的毛细血管非常发达，奔跑时体温升高，导致少量红色血浆从毛孔中渗出，使汗水呈现血红色。这种解释有一定科学依据，但仍未完全被接受。

比起上述两种说法，养马专家对汗血宝马"流血"的解释似乎更加令人信服：汗血宝马的皮肤较薄，奔跑时，血液在血管中流动容易被看到。另外，马的肩部和颈部汗腺发达，出汗时往往先潮后湿，出汗后局部颜色会显得更加鲜艳，给人以"流血"的错觉。

张骞为什么要出使西域

张骞是汉代一位有名的外交家、探险家和旅行家，他对于丝绸之路的开拓有非常重大的贡献。西汉时期，匈奴屡犯边境，侵扰不断。为联合西域大月氏共同抗击匈奴，汉武帝派遣张骞出使西域。不料张骞在途中被匈奴俘获，遭扣押长达十余年。历经磨难后，他终于成功逃脱，返回汉朝。

张骞出使西域，为汉朝引进了汗血宝马、葡萄、石榴等珍贵物产，同时开辟了中原通往西域的交通要道，为丝绸之路的形成奠定了基础。

迷雾笼罩的文明国度

在历史上的岭南地区，曾经有过一个"东西万余里"的国家，这个国家的建立翻开了岭南历史篇章的第一页，而且它的第一个统领还是个叱咤风云的人物哦！他是谁呢？这个历时93年的繁荣古国经历了怎样的发展历程？又是怎样消失的呢？带着这些疑问，我们一起进入下面的故事去探个究竟吧！

谁促进了中国版图的统一

公元前221年，秦始皇统一了六国，于是又着手平定岭南地区。他任命屠睢（suī）为主将、赵佗为副将，率领50万大军去平定岭南。可是屠睢太坏了，经常滥杀无辜，最终被气愤的当地人杀死了。于是秦始皇又任命任嚣为主将，通过几年的努力，终于在公元前214年完成了平定岭南的大业。

可是好景不长，公元前210年，秦始皇病逝。残暴的秦二世继承了王位，陈胜、吴广等人不堪压迫，发动了起义。紧接着又是刘邦和项羽之间的楚汉之争，于是整个中原乱作一团。可偏偏就在这个时候，任嚣病重了。他深知自己时日不多，赶快找来赵佗，告诉他一些作战的有利地形，让他去抵御战乱，并把自己南海郡尉的职务传给了他。最终秦朝灭亡，赵佗统一了岭南，并且在公元前204年正式建立了南越国，定都在番禺。

后来，从大量出土文物上看，赵佗创建南越国后，加快了岭南社会经济的发展，让岭南从分散的部落统治迅速跨入了封建社会。历史文献中留存诸多赞颂赵佗的篇章，从这些记载中不难看出人们对赵佗的崇敬和怀念，因此赵佗也当之无愧地成为统一岭南的第一人了。

岭南的贸易如此多娇

南越国建国后，历代君王都很重视和周边国家的贸易，尤其是与汉朝的商贸往来。南越国从中原引进了铁器、青铜器、牲畜，以及较为先进的技术；同时，他们向中原出口自己国家的白璧、珠玑、玳瑁、犀牛角、珊瑚、荔枝等物产。南越国没有铸造货币的

技术，他们的货币也是从中原引入的哦。除此之外，他们和闽越、夜郎等邻国也保持着密切的商贸往来。

南越国不仅发展陆路贸易，海上贸易也同样很繁荣呢！考古发现，当时的南越人已经开始通过南中国海，与东南亚及南亚诸国进行商业贸易了，他们这条海上贸易路线在后来被称为"海上丝绸之路"。

南越国的铁矿资源缺乏，因此在冶铁方面并不发达。可是在后来的考古中，却出土了很多锄、锸（chā）等农具，很显然这些都还是依靠中原的输入，而南越国更多人还是以石器和青铜器作为农具的。

繁盛的南越国怎么消失了呢

公元前112年的秋天，汉武帝调遣10万大军攻打南越国。而南越国实力也是非常强悍的，所以这场战争打得非常激烈，持续了1年的时间。终于，在公元前111年的冬天，汉军攻破了南越国都番禺城。这时，非常厉害的汉朝将军路博德在城西北安营扎寨，南越人一听路博德的威名纷纷弃械投降。辉煌已久的南越国最终在战乱中覆灭，退出了历史舞台。

哇！好一座珍宝陵墓啊

如果用三"最"来形容南越王的墓，那就是迄今为止岭南地区发现的规模最大、保存最好、随葬品最多的一座汉墓了。其墓室采用彩绘装饰，用500多块红砂岩大石筑成！讲究的格局和摆设无不显示出南越王的威严。从这座墓中出土的随葬品有1000多件，包括铜器、玉器、铁器、金器、银器、陶器等，其中最为珍贵的要数"丝缕玉衣"和"文帝行玺"金印。这样一座珠光宝气的陵墓真是让人叹为观止！

揭竿而起指的是历史上哪次农民起义

"揭竿而起"指的是秦末陈胜、吴广领导的农民起义。

公元前209年,有900多个农民被征发去渔阳戍守长城。他们走到大泽乡时,遇上大雨,道路泥泞,无法前行,不能按期到达。按照秦律,戍守误期要被处死。他们当中的领队人陈胜和吴广认为,与其送死不如起来反抗。在他们的号召下,大家热烈响应,决心反抗秦朝的残暴统治。他们砍削树木,做成兵器,举起反抗的旗帜,历史上把这叫作"揭竿而起"。于是,中国历史上第一次农民大起义爆发了。

亦真亦幻的大漠明珠

风沙漫天的沙漠总是给人以神秘莫测的感觉，不知在风沙背后隐藏了多少秘密等待我们去探寻。在世界闻名的丝绸之路上，就有一座被沙漠隐没的古国，它拥有多久的历史，又是为什么"人去楼空"了呢？

这个神秘的国家是谁发现的

这个神秘的西域古国叫作楼兰，很多人都认为那里是个恐怖的地方，没有人敢去靠近。但是有一天，一个勇敢的汉人张骞却闯入了这片广袤的土地。听说这里是匈奴人的天下，他们可是杀人不眨眼的大魔头啊！可是张骞一心想着要建功立业，哪里顾得上这些。当他来到这里时，发现这其实是个美丽的地方。这里的人都长得和他不一样，他们有着深深的眼窝、大大的眼睛、高高的鼻梁、低低的颧骨。他们说着很奇怪的语言，文字也写得像小虫一样，无法识别。这片神秘的土地深深地吸引着张骞，他回中原见到汉武帝，便把楼兰这个地方描述给他听。汉武帝听得很入神，认为楼兰虽然不大，但却占有很重要的战略位置。从此楼兰便被载入了史册。

发现了探险的好地方

在楼兰消失了1000多年后，第一个再次发现这片土地的是瑞典的探险家斯文·赫定。1900年3月，斯文·赫定在罗布泊地区考察时，偶然发现了这片古代遗址。遗址上，留存着很多精致的木雕、织物、钱币等物品，这令他惊喜不已。但是一个星期后，因为沙漠的阳光太强烈，水又少得可怜，斯文·赫定迫于无奈只得离开了这里。回去后，他一直对这处神秘的遗址念念不忘，于是详细写下了对这里的考察资料，连同带回的一些木简一并交给了专家。专家经过仔细研究，确认这处遗址正是历史上那个令人神往却莫名消失的丝绸之路重镇楼兰啊！消息一出，立即震惊世界，引来了多个国家的探险队，经过大家的共同努力，楼兰的神秘面纱终于被揭开了！

楼兰国是怎么消失的

很长时间以来，楼兰国的消失对世人来说都是个谜。这个国家曾经声名显赫，历经了五六百年的辉煌，然而却突然销声匿迹。对于其消失的原因，目前存在多种假说。英国考古学家斯坦因认为，这主要是环境造成的。因为在考察后发现，这里曾经并不是沙漠，但随着周边高山冰川退缩，河流的流量减少，土地变成了沙漠，最终导致楼兰被废弃。还有专家说，这与丝绸之路的变迁密切相关。两晋之后，丝绸之路改走北道，中原王朝在楼兰的驻兵及屯田事业也随之北移，迫使人们弃城而去，楼兰古国也就逐渐消失在历史中了。尽管存在多种猜测，但由于缺乏确凿证据，关于楼兰国消失的真正原因，仍有待考古新发现来揭晓！

楼兰遗址挖出了哪些宝贝

楼兰遗址出土了很多宝贝，其中有种类多样的丝织品，如锦、缎、绮等。这些丝织品，虽历经两千余年，但依然色彩绚丽，图案精美，其中部分织造工艺至今仍无法完全复现呢。可见早在两千多年前，楼兰丝绸纺织工艺的水平已十分高超。同时，楼兰遗址还出土了不少具有中亚文化和古希腊文化特征的艺术品，以及来自西方的其他物品，如玻璃

制品等。这些出土的大量实物，作为东西方交流的有力实证，充分表明楼兰古城是当时东西方经济文化交流的重要地区之一。

"楼兰美女"是谁

这位"楼兰美女"实为一具干尸，距今已有3800多年。令人惊叹的是，女尸的牙齿、毛发、指甲均保存完好。其骨骼结构健壮，皮肤呈古铜色，虽历经岁月沧桑失去弹性，却依然保留着生前的肌理形态。甚至在她的头发和皮靴中，还留存着清晰可辨的虱子遗迹。"楼兰美女"的出土，让我们得以窥见楼兰人的真实样貌。经鉴定，她去世时约为中年，脸庞瘦削，褐色披肩发自然垂落，鼻梁高挺，眉形清秀，双眼深邃凹陷，薄唇轻抿，面容极具西域特色。截至目前，关于"楼兰美女"的身份，仍是考古学界尚未解开的谜团。

从树皮上
发现的王国

如果问你们从树皮上能发现什么,你们可能会说能发现上面长着青苔,或者说能看到里面的蛀虫。但你们肯定想象不到,有人从一块桦树皮上发现了奇怪的文字,通过破译这些文字,竟然找到了一个消失了1000多年的王国……

是谁发现了奇怪的树皮

这奇怪的树皮其实是一叠桦树皮文稿,是1890年两个维吾尔族人在库木吐拉附近的一个废弃的关隘里发现的。当时他们并不知道这究竟是什么东西,又有怎样的价值,于是这份文稿被一位很"识货"的英国军官鲍尔买下后带回国,因此人们把这份树皮文稿称为"鲍尔文书"。"鲍尔文书"的发现在世界上引起了很大的轰动。考古学家经过研究,从树皮上破译了一种已经消失的文字,并且发现了一个曾经生活在塔里木盆地的古老国家——龟兹(qiū cí)。

沙漠中的绿洲乐土

龟兹国以库车绿洲为中心,在最繁盛的时期北枕天山,南临大漠,西边与疏勒接壤,东边与焉耆(qí)相邻。龟兹绿洲与一般塔里木绿洲一样,它有两个方向的道路,向西南,是阿克苏、喀什;向东经过轮台到达焉耆、楼兰。

龟兹的历代君王几乎都没有留下姓名，他们似乎没有记录历史的习惯。第一个将名字留在史书里的龟兹王，叫绛宾。他的父亲是上一任龟兹王，在史书中有记载，但究竟叫什么名字，恐怕没有人知道。

改变龟兹的鸠摩罗什

龟兹是一个信奉佛教的国家，在公元3世纪中期，龟兹成了一个佛教圣地，很多其他国家的僧侣千里迢迢慕名而来。在龟兹，也诞生了一位著名的佛教徒，他的名字叫鸠摩罗什。鸠摩罗什的出现改变了龟兹。

鸠摩罗什既聪明又勤奋，从小便展现出了惊人的才华。他跟着母亲在西方游历，还拜了很多佛学高僧为师。鸠摩罗什对佛法的精通和讲辩的口才，使他声名远扬，那时他还不满30岁。当时，西域很多国王和百姓从遥远的地方来到龟兹，就是为了看

一眼鸠摩罗什，听他宣讲佛法。龟兹国王听说了这个消息，感到特别光荣，亲自把他迎接到王宫，并尊其为国师。鸠摩罗什为了让佛教在中原发扬光大，将印度佛教的梵文翻译成龟兹文，同时又做了汉文翻译，以便在中原普及。

可是后来的一场战争，彻底改变了龟兹国和鸠摩罗什的命运。公元383年，前秦对龟兹发动了战争，目的就是要抓到鸠摩罗什。在经历了重重变故之后，鸠摩罗什被后秦皇帝姚兴由凉州接到长安。当时，他已经58岁了。后来鸠摩罗什一直生活在长安，直至最后圆寂。

能歌善舞的龟兹人

龟兹人在音乐舞蹈方面是西域的杰出代表，"以歌言声、以舞言情"也成了龟兹人的典型特征。龟兹乐在南北朝时期已发展到了很高的水平，具有相当大的影响力。其音乐种类有"歌曲""解曲"和"舞曲"，乐器有竖箜篌、琵琶、五弦、笙、笛、

箫、毛员鼓、腰鼓、羯鼓、鸡娄鼓、铜钹、贝、弹筝、齐鼓等20余种。

龟兹乐以热烈激昂著称，所谓"铿锵镗镗，洪心骇耳"，估计很像我们现在的摇滚乐。在龟兹乐中，打击乐器占主要地位，《唐书》里有这样的记载："鼓舞曲，多用龟兹乐。""狮子舞"是唐代宫廷龟兹乐舞中最具特色的节目，我国南北方流行的狮子舞就与龟兹乐舞的流传有关。旋转和跳跃是龟兹舞蹈艺术的表演特色，著名的"胡旋舞""胡腾舞"都是龟兹乐舞的重要组成部分。

"安西四镇"包括哪些地方

安西四镇，指唐朝前期在西北地区设置的，由安西都护府统辖的四个军镇，包括龟兹、焉耆、于阗、疏勒四地。唐安西四镇在历史上存续了约一个半世纪，对于唐朝遏制西突厥，保护中西陆上交通要道，巩固西北边防，都起过十分重要的作用。

因为"斗气"建立的国家

人和人之间都避免不了矛盾，哪怕兄弟姐妹之间也会因为这样那样的原因起争端。可是在古代，竟然有个王子因为和弟弟斗气，带领部族远离故土，开始了迁徙的生活，最后在遥远的青藏高原建立起自己的国家。这个国家奇迹般地建立，最后却又神秘地消失了，这究竟是怎么回事呢？

人活着就要"争口气"

吐谷（yù）浑是辽东鲜卑慕容部首领涉归的庶长子。所谓庶长子，就是妾所生的第一个儿子。慕容廆是弟弟，但却是涉归的大老婆所生，是嫡子。在古代，只有嫡子才有真正的继承权，因此，涉归给吐谷浑分了1700户牧民，而统治权和大多数牧民，都归了慕容廆。

因为兄弟俩的牧场并没有区分开，所以放牧时，他们的牲畜总是会打架。一次，慕容廆的马和吐谷浑的马撕咬了起来，弟弟就责怪说："既然已分得畜群，为什么不离我远一点去放牧呢？"吐谷浑生气极了，他说："马本来就好斗,怎么能是我的过错呢?既然你让我走,那我就去一万里之外的地方吧。"于是为了"争口气",吐谷浑带着自己的百姓和牛羊开始了西迁。

建个国家真是不容易

吐谷浑从辽东老家出发后,义无反顾地朝着西方奔去,后来终于在呼和浩特以西、阴山以南的河

套平原停住了脚步,在这一带游牧了 20 余年。这片地方原是长期与汉朝对抗的匈奴人的家园,气候温和,水草丰美,非常适于游牧民族居住,从东北和漠北向中原挺进的游牧民族大都先迁徙到这里。

可是这种安稳的日子只是暂时的。为了摆脱鲜卑的控制,吐谷浑率领族人又一次西迁,直奔青藏高原而去。最后,他们来到了枹(fú)罕(今甘肃省临

夏县附近）西北的广大地区，终于在那里站稳了脚跟。而操劳一生的吐谷浑在实现梦想之后，却离开了人世。后来他的儿子吐延继承了汗位，并在此后的10多年里不断地开拓疆土。公元329年，吐延的长子继承汗位，并用祖父的名字做了族名，立国号为"吐谷浑"，正式建立了国家政权。从此，人们就用"吐谷浑"来称呼这个神秘的草原王国了。

吐谷浑也有千里马

大宛有"流血"的千里马，吐谷浑也有自己的千里马——青海骢（cōng）。游牧民族出身的吐谷浑人非常爱马，也擅于养马。吐谷浑人有着丰富的养马经验和先进的养马技术，他们在青海湖边的海心山，培育出了名扬天下的千里马"青海骢"。"青海骢"风骨俊秀，善走对侧步，据说能日行千里，常常被吐谷浑当作最珍贵的礼物送给中原王朝。隋唐时，权贵们常骑着"青海骢"外出游玩或参加马球游戏。

无能的皇帝招来了杀身之祸

公元609年,隋军大败吐谷浑,伏允可汗西逃,吐谷浑国势衰微。隋朝灭亡之后,伏允立刻率领部众返回故园,重建了吐谷浑王国。可是伏允有点笨,他不明智地多次与强大的唐朝对抗,终于给自己招来了杀身之祸。

吐谷浑经常在边境与唐朝发生冲突,劫掠过往商旅及周边地区。一开始,唐太宗李世民忙于其他事情无暇顾及吐谷浑的放肆,后来李世民闲下来了,这下他一定要好好收拾一下这个讨厌的吐谷浑。公元634年,李靖奉李世民之命,率五路大军大举攻打吐谷浑。吐谷浑人溃不成军,伏允疯狂向西逃去,他的长子慕容顺在伏俟(sì)城内向唐军投降。唐军在戈壁和沙漠中千里追击伏允,伏允众叛亲离,走投无路,最后在图伦碛(qì)自尽身亡。

猜猜看

现在还有吐谷浑的后人吗

很多学者认为，现在的土族人就是吐谷浑的后裔。从吐谷浑人在西北的最初落脚地临夏往西行约80千米，就是素有"青海小江南"之称的民和县三川地区，在这片山清水秀的土地上生活着约4万土族人。土族是一个主要聚居在青海省的少数民族，总人数约有20万。

从部落联盟到
草原霸主的传奇

在辽阔的蒙古高原上,曾有一个民族政权,它是北方游牧民族的重要势力,在历史中留下了浓墨重彩的一笔。这个政权,就是柔然。柔然如何崛起为北方草原的强大势力?又有哪些因素让它在历史长河中留下不可磨灭的印记?今天,就让我们走进柔然的世界,揭开这个神秘政权的面纱吧!

柔然不"柔"

公元4世纪末至6世纪中叶，在我国西北地区的大漠草原上，柔然国曾经称王称霸。"柔然"一词，有"聪明""贤明"之意，也含有"礼义""法则"之意。

柔然国的始祖木骨闾（lú），曾是位身份卑微的奴隶，然而，他足智多谋、英勇善战，逐渐在部落中崭露头角。但命运多舛，他因一次犯错被迫逃走，流亡至阴山以北的广袤地带。在这里，木骨闾凭借坚韧和智慧，逐渐扩充了自己的势力。木骨闾死后，其子车鹿会不断兼并其他部落，逐渐形成柔然部族。

公元402年，车鹿会的后裔社仑自称"丘豆伐可汗"，建立了可汗王庭，使柔然从依附鲜卑的部落联盟，发展为独立的游牧政权。柔然最强盛时，它的势力遍及大漠南北，北达贝加尔湖畔，南抵阴山，东接大兴安岭，西及准噶尔盆地。这时的柔然可与中国历史上纷争时期的十六国、南北朝相抗衡。

全民皆兵的军事大国

柔然国是靠打仗建立起来的国家，建国后，军事生活依然是它最为重要的一部分。柔然可谓一个全民皆兵的国家，历代可汗个个骁（xiāo）勇善战。也正是因为这众多的战争，柔然的国土面积才越来越广阔。

社仑可汗曾率领大军沿着匈奴人开发的草原丝

绸之路向西扩张自己的领土，一直到达阿尔泰山。他的西征使柔然迅速壮大。社仑去世后，继任者斛（hú）律继续西征。他任命大檀为主帅，保证了西征的顺利进行；在这次西征中，兼并乌孙国是最为重大的一次胜利。此后，柔然进一步向中亚延伸，对索格狄亚那（粟特）各个城邦形成威慑与控制。

西征取得重大军事成果，但柔然并未就此止步。大檀登上柔然汗位后，继而将势力向龟兹、鄯善一带渗透，把目标转向丝绸之路中段。大檀去世后，其子吴提继位，继续在草原丝绸之路中段扩张势力。

日渐衰落的柔然国

柔然日益强大，使其南面的北魏感到危机重重。

公元429年，北魏太武帝拓跋焘发动"漠北远征"，直捣柔然王庭，大檀率部远遁，柔然元气大伤。吴提继位后，曾与北魏短暂和亲，后再启战端。

公元449年，拓跋焘趁柔然内部不稳，率大军北伐，多次击败柔然军队，给予其沉重打击。公元458年，北魏十万铁骑深入漠北，再次击溃柔然主力，迫使柔然势力进一步西移。

在北魏的持续打击下，柔然逐渐走向衰落，内部统治摇摇欲坠。公元487年，高车部率先反叛，建立独立政权。6世纪中期，新兴的突厥部落崛起。

公元555年，突厥击溃西部柔然残余势力，柔然最后一任可汗邓叔子带领部众投奔西魏，但西魏迫于压力将其交给突厥。柔然政权至此灭亡。

好可怜的柔然公主

在河北省磁县一带，有一群皇族的墓葬，其中一座茹茹公主墓很是引人注目。茹茹公主是东魏大丞相高欢的九儿子高湛的妻子。一个丞相的儿媳为什么会和皇族葬在一起呢？

原来，北魏被分裂成东魏和西魏后，东魏为了牵制西魏的进攻，便与柔然联盟。于是，高湛迎娶了柔然可汗阿那瓌（guī）的孙女茹茹公主。这一年，高湛8岁，茹茹公主5岁。茹茹公主嫁到中原后，一直过着锦衣玉食的尊贵生活。她13岁那年，出落得花容月貌，却因一场淋雨染病，没多久便离开了人世。因为茹茹公主代表的是整个柔然国，所以东魏对她的死十分重视，将她的陵墓修建得十分豪华，并将她和皇族葬在了一起。

猜猜看

繁荣昌盛的柔然国

由于大漠南北是游牧的好地方，马匹就成了柔然游牧狩猎的主要工具，也是征战和防御敌人的重要装备。另外，柔然也经常用优质的马匹作为贡品和贸易物品，与他国结好。

柔然的手工业主要有冶铁、造车、搭建穹庐及毛皮加工等。阿尔泰山的南面，就有柔然的一个重要冶铁基地，这里主要生产工具、武器、铠甲等，用以满足柔然宫廷和军事需要。柔然还擅长制造辒（wēn）车，阿那瓌孙女出嫁时，随行的辒车多达700辆。

因受中原文化的影响，柔然人也种植农作物。

找找丝绸之路上的
那颗明珠

在大名鼎鼎的吐鲁番以东 45 千米的地方，有一座城市的遗址，在 1000 多年以前，这座城市被称作高昌国。别看现在这座城市遗址已经被沙漠中的风沙侵蚀得残破无比，但在当年，高昌国可是丝绸之路上的一颗璀璨明珠呢！

大漠明珠高昌国

高昌古城历史悠久，是古丝绸之路的必经之地。在高昌国最强盛的时候，城头旌旗凌空，城内佛寺林立，街市上商号鳞次栉比，来来往往的商人和宗教人士把这里变成了东西方经济文化交流的中转站。

由于丝绸之路的存在，高昌国与中原王朝的联系十分紧密，多数高昌国王继位的时候都会接受中原王朝的册封。历代的高昌国王都很了不起，经过多年的经营，把这里建设成了丝绸之路上一颗耀眼的明珠，使之成为当时西北地区最繁华的城市和重要的商品贸易地。高昌是连接中原、中亚、欧洲的枢纽，波斯等地的商人带着苜蓿、葡萄、香料、宝石和骏马来到这里，又从这里带走中原的丝绸、瓷器、茶叶等物产，以及造纸术、印刷术等先进技术。

高昌国孕育了丰富的文化，留给后人很多珍贵的文化遗产。高昌人的服饰十分讲究，又擅长制作美食。驰名中外的高昌乐舞，更是高昌人的骄傲。高昌壁画中，常可见飞天舞者灵动的画面，这些画面正是高昌乐舞艺术形态的生动呈现。高昌乐舞凭借其浓烈的异域风情和精湛的艺术表现力，与龟兹乐舞一样深受唐朝人的喜爱，在中原地区十分流行，甚至被列入唐朝宫廷乐舞体系"十部乐"，成为当时最具影响力的音乐形式之一。

高昌博览会

由于古高昌国是丝绸之路上重要的贸易中心，因此，有一位名叫麴（qū）伯雅的高昌国王曾经史无前例地举办了一场类似于今天世博会的大型集会。来自世界各地的人们穿着华美的服饰，拿着成袋的货币，说着不同的语言，穿梭在琳琅满目的商品中。无数的商队慕名从远方赶来，就是为了参加这场空前的盛会，甚至连一向高傲的隋炀帝都被惊动了。他不仅亲临高昌周边巡视，更对麴伯雅礼遇有加，后来，隋炀帝还把华容公主嫁给了这位举办盛会的高昌国王。

跟唐僧成了兄弟

高昌国不仅商业贸易繁荣，世界各地的宗教也先后经由高昌传入内地。可以说，它在古代是世界上宗教最活跃的地方之一，也是世界宗教文化荟萃的宝地之一。

在高昌国，最受重视的是佛教。隋朝时期，有僧人从佛教的发源地印度来到高昌宣讲佛法，并在这里的许多寺庙中游历讲经。到了唐朝时期，佛教在高昌国已经达到了空前繁荣的程度。

公元629年，也就是唐太宗时期，被后世称为唐僧的有道高僧玄奘怀着到西方佛教的发源地求取佛经、弘扬佛法的心愿，踏上了漫漫的西游之路。当玄奘来到高昌国的时候，高昌国的国王麴文泰听说从唐朝不远万里来了一位精于佛法的高僧，非常高兴，为风尘仆仆的玄奘举行了盛大的欢迎仪式。

在交谈中，麴文泰被玄奘的学识所折服，拜他为国师，并为他沐浴更衣，亲自为玄奘捧着香炉，率领王妃和文武大臣一起听他讲经说法。麴文泰希望玄奘长期留在高昌国，协助他管理国政，但是玄奘早就下定决心要去天竺取经。麴文泰为了不破坏他们之间的友情，无奈之下只得放玄奘西去。不过就在玄奘临走之前，麴文泰提出要与他结为兄弟。就这样，玄奘与麴文泰举行了隆重的结拜仪式。之后，玄奘将自己的佛法知识倾囊相授。最终，麴文泰带着浩浩荡荡的队伍把玄奘送到了百里之外，才恋恋不舍地回去了。高昌国王与唐朝高僧结为兄弟这件事也从此成了一段千古佳话。

宗教名城的覆灭之路

时至今日，当年如此强盛的高昌国已经是一片凄凉无比的废墟了。是什么摧毁了这座丝绸之路上的宗教名城呢？也许是缺水，也许是战争，也许是人们心中的贪婪和浮躁。

高昌国历来是中原王朝的属国。但是在唐太

宗年间，那个信奉佛教、与玄奘结为兄弟的高昌国王麴文泰却盲目自大，不仅对唐王朝的管辖表示不满，甚至勾结西突厥截断了贯通东西方的丝绸之路，向过往的商人征收重税，把这些钱拿来满足自己的欲望。

唐太宗派遣使者告诫他，不可以这样。但是麴文泰却满不在乎地说："不管唐朝是怎样的国富兵强，我只要守在这里不动，就可以凭借自身的优势御敌于千里之外。"唐太宗非常生气，派出数万大军，并联合了丝绸之路上的其他国家一起攻打高昌国。高昌国虽然强盛，但是也抵挡不住这么多国家的联手进攻，很快就灭亡了。

高昌古国的残垣如今依旧屹立在吐鲁番盆地，像一群群枯槁的雕塑，静默在烈日之下。高昌曾经接待过不少贵宾，但这些人都没能改变它沦为废墟的命运。如今秋草苍苍，雁声凄凄，古城已然显露一片萧瑟，像一位魂断广漠的老战士，诉说着历史的悲凉。

你知道什么是丝绸之路吗

丝绸之路是指西汉时期由大名鼎鼎的外交家张骞开辟的以长安为起点，经甘肃、新疆，到中亚、西亚，并联结地中海各国的陆上通道。由这条路西运的货物中以丝绸制品的影响最大，所以这条路被称作"丝绸之路"。高昌国就是丝绸之路上的一个很重要的国家。

布达拉宫背后的传奇王国

提起拉萨的布达拉宫,大家立即就会想到文成公主,文成公主远嫁吐蕃(bō),她的传奇人生是如何与这座宫殿紧密相连的?松赞干布作为吐蕃王国的杰出领袖,又在布达拉宫的建立中扮演了怎样的角色?或许,只有深入探寻,我们才能真正领略吐蕃王国的历史与文化魅力,下面我们就赶快去看看这个神秘王国吧。

松赞干布的辉煌功业

公元629年，年仅13岁的松赞干布成为吐蕃首领。自幼便展现出非凡胆识与智慧的松赞干布，不仅武艺高强，更以沉稳果决的政治谋略和仁德亲民的领袖风范，赢得百姓的衷心拥戴。

面对吐蕃内部贵族叛乱、外部部落割据的局面，松赞干布采取了"武力征讨"与"政治会盟"双管齐下的策略。他首先平定内部反叛势力，随后又先后征服苏毗、羊同、白兰等部落，逐步统一了青藏高原。公元633年，松赞干布迁都逻些（今拉萨），正式建立西藏历史上首个统一的政权——吐蕃王朝。

在治国理政方面，松赞干布展现出卓越远见。他命大臣创制藏文，统一文字，促进文化传播；引入唐朝先进的农耕、水利、建筑技术，发展酿酒、碾磨等手工业，推动吐蕃经济繁荣；派遣贵族子弟入长安学习诗书礼仪，邀请中原文人入蕃讲学，同时借鉴唐朝典章制度，完善吐蕃官制与律法体系。

公元650年，松赞干布在拉萨英年早逝，年仅34岁。尽管生命短暂，但松赞干布所缔造的吐蕃王朝及推行的一系列政治、文化、经济改革，深刻影响了西藏的历史进程，他也因此成为藏族历史上最具传奇色彩与深远影响力的伟大领袖之一。直到现在，西藏的很多寺庙里，都供奉有松赞干布的画像或雕像。

文成公主远嫁吐蕃

唐贞观十二年（公元638年），松赞干布曾率军进攻大唐，但以失败告终。于是，他只好向唐朝俯首称臣，而且还特意向唐太宗请求赐婚。为了使两国和平相处，唐太宗便将自己的一个远支宗室之女封为文成公主，赐婚给松赞干布。

文成公主长得端庄秀丽，自幼饱读诗书，知书达理。她明白唐太宗的良苦用心，便应允了此事。贞观十五年（公元641年），文成公主的送亲队伍浩浩荡荡地向吐蕃进发了。经过漫长的艰苦行程，文成公主终于到达吐蕃，见到了松赞干布，两人举行了盛大的婚礼。

为迎娶文成公主，松赞干布还主持兴建了华丽的布达拉宫。布达拉宫的建筑风格融合了大唐宫苑特色与吐蕃传统工艺，将两地工艺精粹融于一体。文成公主让从唐朝带来的乐师向吐蕃人传授音乐；让随来的文士教吐蕃人学习汉族文化；让农技人员传授吐蕃人种植和养蚕技术……文成公主凭借自己的知识和见地，细心体察吐蕃的民情，并给松赞干布提出了很多合理的治国建议。她的聪明和贤德令松赞干布和大臣敬佩不已，百姓则视她为神明。至今，西藏的民间还流传着文成公主的传说和歌谣。

唐朝的第二位和亲公主

文成公主之后，唐朝还有一位公主与吐蕃进行了联姻，她就是历经命运波折，力促唐蕃和盟的金城公主。

本来金城公主的夫婿应该是吐蕃赞普赤德祖赞

的儿子姜擦拉温。然而,姜擦拉温在迎亲的路上不幸坠马而亡。为维护唐蕃和平大局,金城公主便嫁给了赤德祖赞,并为其生了一个儿子——赤松德赞。

金城公主才华出众、深明大义,她与赤德祖赞成亲后,经常帮助当地的僧人,并且还主持建寺庙、译经书。她将唐朝的《礼记》《左传》等汉文典籍引至吐蕃,对吐蕃文化的发展影响极大。金城公主入蕃30年,吐蕃和唐朝也多次交战,但金城公主总是尽最大努力促使两国和盟。公元822年,双方终于协定好,以后决不再互相侵扰。

吐蕃是怎么崩溃的

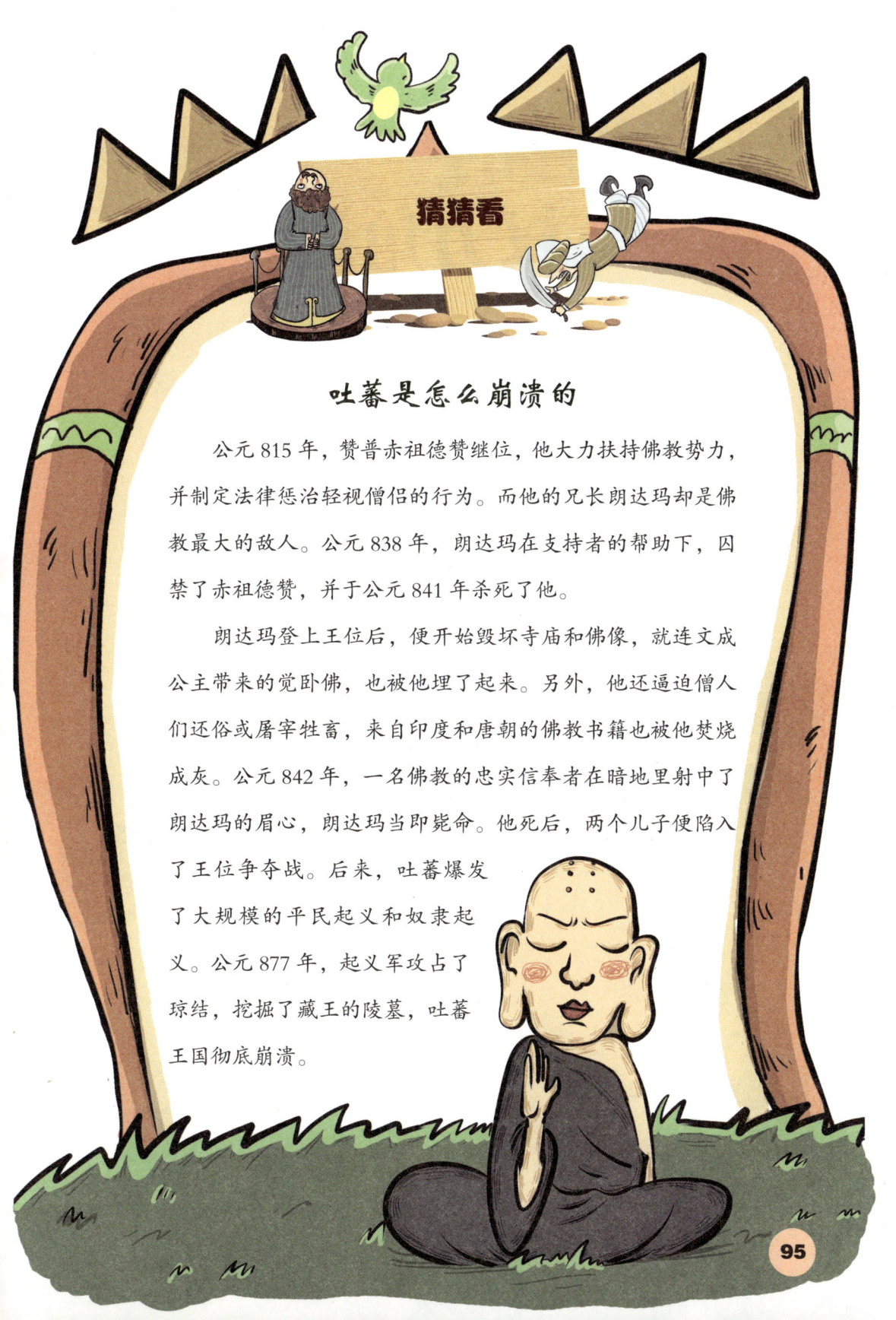

公元815年，赞普赤祖德赞继位，他大力扶持佛教势力，并制定法律惩治轻视僧侣的行为。而他的兄长朗达玛却是佛教最大的敌人。公元838年，朗达玛在支持者的帮助下，囚禁了赤祖德赞，并于公元841年杀死了他。

朗达玛登上王位后，便开始毁坏寺庙和佛像，就连文成公主带来的觉卧佛，也被他埋了起来。另外，他还逼迫僧人们还俗或屠宰牲畜，来自印度和唐朝的佛教书籍也被他焚烧成灰。公元842年，一名佛教的忠实信奉者在暗地里射中了朗达玛的眉心，朗达玛当即毙命。他死后，两个儿子便陷入了王位争夺战。后来，吐蕃爆发了大规模的平民起义和奴隶起义。公元877年，起义军攻占了琼结，挖掘了藏王的陵墓，吐蕃王国彻底崩溃。

好战之邦的
　　权力角逐

　　我们现在都崇尚和平，人人都希望安居乐业，而在很久以前，有一个国家却整天打仗。这个国家就是斯巴达，一个与雅典并立的古希腊最大城邦之一。接下来，我们就一起走进斯巴达，去瞧瞧这个为战争而生的强大城邦吧！

斯巴达人的权力大于天

公元前11世纪，多利亚人（也就是后来的斯巴达人）攻占了拉科尼亚，在这里建立起斯巴达城的雏形，并开始以武力掌控这片土地。公元前8世纪，斯巴达人又攻占了美塞尼亚，至公元前8世纪末，真正意义上的斯巴达国家正式建立，并且还逐步形成了一套独特的社会制度。

斯巴达社会主要包括3个阶层：斯巴达人、边民和黑劳士。斯巴达人是城邦中的掌权者，靠剥削奴隶为生，人数最多时约有9000户；边民指的是被征服城市的居民，约有3万户，他们拥有一定的自治权，但没有公民权，主要靠务农和从事工商业生活；黑劳士则是城邦的奴隶。

斯巴达的男性公民是斯巴达的统治阶层，他们拥有至高无上的权力。在征服美塞尼亚之后，他们不仅可以监督城邦的所有官员，还可以审判国王，甚至将其处死。

斯巴达是如何残害奴隶的

斯巴达是通过战争而建立起来的国家，建国后，战争依旧频发。公元前480至公元前479年，斯巴达与雅典等城邦联合反对波斯的侵略。后来，随着雅典势力的增长，斯巴达与雅典之间产生了尖锐的矛盾。公元前404年，斯巴达又联手波斯打败了雅典，成为全希腊的霸主。

然而，在对外战争中，斯巴达大量使用奴隶随军出征。据说，在与波斯战争期间，斯巴达人一次就派了3.5万名奴隶，还逼迫他们打头阵。频繁的战争使奴隶极为不满，他们举行了武装起义，反对斯巴达人的残酷暴行。由于奴隶人数众多，斯巴达人便想方设法来迫害和消灭他们。在一次斯巴达与雅典的战争中，有2000名奴隶立下战功，斯巴达人谎称给他们自由，却把他们带到大庙中暗杀了。

平日里，斯巴达人也经常侮辱、暴打奴隶。即使奴隶没有过错，斯巴达人也要每年鞭打他们一次。公元前464年，奴隶发动了长达10年的大规模起义。最终，斯巴达人被迫妥协，其统治因此受到了沉重打击。

残酷的军事训练

连年征战使斯巴达人养成了重武轻文的习惯，孩子们从小就接受极其严酷的训练。

斯巴达的婴儿刚一落地，就要让长老检查一下是否健康，如果长老说不健康，就要把婴儿扔到荒郊野外；母亲要用烈酒给婴儿洗澡，如果婴儿因此而抽风，就说明他体质娇弱，这时不能请医生为他医治，只能任凭他死去。男孩7岁前，由父母抚养，父母要培养他不哭不闹、不挑食、不怕黑的习惯。7岁后，男孩要去参加集体的军事训练。他们每天都要跑步、掷铁饼、拳击、击剑和格斗等，每年过节时都要被皮鞭抽打一次，并且不许求饶和哭喊。

斯巴达男青年20岁时，就是真正的战士了，他们有义务为国征战，甚至献身。30岁时，他们可以结婚，不过还要每天参加军事训练，直到60岁时才可退伍。但如果国家有需要，即使退伍了，他们也要再次上战场。

这些女人可真不容易

斯巴达的女孩子从小也要接受体育锻炼，据说，少女们进行体育锻炼是为了使以后所怀的孩子能够健康，并减轻分娩时的痛苦。

斯巴达的女人必须结婚，不肯结婚的人是要受惩罚的。结婚后，国家鼓励她们多多生育，因为斯巴达高度重视军事力量，需要源源不断的男性来充实军队。

斯巴达的妇女是很痛苦的，即使她们心疼儿子，也绝不可以对儿子表现出怜悯。如果她们刚生下的儿子因虚弱而被抛弃，她们不能哭泣；如果她们的儿子战死沙场，她们也不可以悲伤。她们在送儿子上战场时，不是要他平安回来，而是给他一个盾牌，说："要么拿着盾牌光荣回来，要么就战死沙场，让别人用盾牌把你抬回来。"

古希腊的雅典是什么样的

古希腊的雅典是一个充满智慧和活力的城邦,被誉为西方文明的摇篮。它是世界上第一个实行民主制度的地方,成年男性公民可以参与投票和决策。雅典的文化非常发达,诞生了许多伟大的哲学家,比如苏格拉底、柏拉图和亚里士多德。雅典人还热爱戏剧,创作了许多经典的悲剧和喜剧。

雅典的建筑也非常著名,比如帕特农神庙,它建在雅典卫城上,是献给守护神雅典娜的。雅典的经济以农业、手工业和贸易为主,还拥有强大的海军,保护自己的海上贸易路线。雅典人热爱体育和艺术,举办了许多节日和比赛,比如泛雅典娜节和奥林匹克运动会。

虽然雅典最终被马其顿和罗马征服,但它的民主思想、文化和艺术对后世产生了深远影响,至今仍被人们学习和纪念。

用绳子来记事的国家

现在我们要记一件事都是用文字来记录，而生活在数百年前的印加人却喜欢用绳子来记事。用绳子怎么才能将复杂的事情记清楚呢？事实上，时至今日，考古学家也无法完全破译这些记录在绳子上的秘密。不过有人说，印加人的绳索记事法很像是现在计算机使用的二进制。虽然印加人没有自己的文字，可从这独特的记事方式足以看出，他们无疑是非常聪明的。现在，就让我们一同走进这个特殊的、没有文字的国家吧！

安详文明的大帝国

印加帝国的部分区域位于的的喀喀湖畔，这里水源充沛，物产丰饶。印加人遵循"日出而作，日落而息"的生活节奏。在其信仰里，太阳神至关重要，湖中的太阳岛和月亮岛被视为圣地。传说中，开创印加帝国的首领曼科·卡帕克是太阳神之子，肩负着引领族人的使命。

印加人男耕女织，辛勤劳动，他们以当时最先进的技术建造了宏伟壮观的宫殿。另外，印加人制定了完善的法律和政治制度，涵盖了行政、军事、社会规范等多个领域。

先进的印加文明

早在印加帝国时期，印加人就开始使用集约栽培法来栽培玉米，其农业技术水平在当时的美洲大陆处于领先地位。同时，他们的纺织技术也很了得，他们发明了各色各样的纺织方法，纺织出了形态各异的精美图案。除此之外，聪明的印加人还修建了水渠、渡槽、驿栈、仓库等重要设施，将帝国的建筑业推向了顶峰。

印加帝国的宫殿周围都镶嵌有金饰品，这些金子都是印加人从金矿中提炼出来的。另外，聪明的印加人虽然能够制造青铜工具和武器，却一直不会使用火器，也没有掌握炼铁技术。

最后一位印加王是谁呀

西班牙殖民者本以为印加国王图帕克·阿马鲁被处决之后，他唯一的儿子又紧跟着死去，印加王族的血脉就此终结了。可他们没想到，国王的女儿胡安娜与一个土著地主结了婚，并繁衍了后代。

图帕克·阿马鲁二世是图帕克·阿马鲁一世的后裔，他热爱人民，深切同情印第安同胞的悲惨命运。1780年，因无法忍受殖民者对同胞的欺凌，他毅然组织了起义，决心要为那些被压迫的下层印第安人民讨回公道。但是由于起义军内部出现分裂,一些人背叛了他,起义最终以失败告终。图帕克被抓后始终不肯屈服,最终,他和家人被处以极刑,惨死在了统治者的手中!

这些绳子是什么意思

500多年前的一天,一个西班牙人在秘鲁中部

遇到一个印第安人。当时，印第安人正打算藏起一样东西，西班牙人见状赶紧对其进行搜身，结果只发现了一些打着结的绳子。这些绳子不仅有各种各样的颜色，还有许多绳结。印第安人说这些绳子叫奇普，是用来计数的。不过敏感的西班牙人却不这么认为，他们猜想：这些绳子一定藏着某些历史秘密。于是，西班牙人的首领便下令没收并烧毁了这些奇普。

虽然西班牙人想彻底毁掉奇普，但奇普却在民间流传了下来。后来的研究者认为，奇普刚开始很可能只是一种计算工具，但后来演化成了一种记事的载体。它是一种三维立体的二进制密码，很像是今天用在计算机语言中的编码系统。

近年来，一些来自秘鲁的西班牙文文件显示，通过埃及的罗塞塔石碑或许能破译奇普密码。不过，到目前为止，还没有一个叙述性的奇普被成功破译。奇普密码依旧蒙着神秘的面纱，亟待研究者揭开。

猜猜看

你知道"秘鲁长城"吗

人们认为,古代印加王国的首都是马丘比丘,这里很可能是第一代也是最后一代印加人的家园,甚至极有可能是"安第斯山脉文明的摇篮"。

马丘比丘面积大约有13平方千米,这里的建筑多由花岗岩修筑而成。这些花岗岩是用青铜或石头工具切割的,表面十分光滑,石块与石块间的接缝极为严密,连一片刀片都插不进去。整座古城依山而建,层层叠叠,城墙绵延曲折,巨石相互咬合,展现出令人惊叹的规模与防御性构造,这种大规模、高难度且极具防御特征的石构建筑布局,与长城的建筑特质有着异曲同工之妙,所以马丘比丘享有"秘鲁长城"的美誉。

延续千年的神奇国度

韩国所在的朝鲜半岛上曾经出现过许多国家，这些国家的历史几乎跟我们中国的历史一样源远流长，而且，自古至今，这些国家都跟我们中国有着非常密切的联系。现在，让我们来了解一下朝鲜半岛上曾经存在过的，一个延续了将近千年的神奇国度——新罗。

源远流长的历史

历史学家考证，新罗王国的历史从公元前57年开始，到公元935年结束，共992年。其存续时间比我们中国的大一统朝代都要长。历史学家为了方便研究，把新罗的历史分成三个部分：早期（公元前57年—公元654年）、中期（公元654年—公元780年）和晚期（公元780年—公元935年）。

朝鲜版"三国演义"

朝鲜历史的三国时期大致相当于中国的隋唐时期。他们的三国时期和我们《三国演义》中讲的三国时期一样，也是分成三个国家，这三个国家实力相当，谁也吞并不了谁，相互之间战争不断。

朝鲜三国时期的三个国家分别是新罗、百济和高句（gōu）丽。这三个国家中，高句丽国力最强，它的政治、经济和文化自成一体，在对外关系上既不完全倒向中国，又是阻止日本北上吞并朝鲜半岛

的主力，它一直希望能够统一半岛，在中日之间建立一个完全独立的国家。

虽然高句丽很强大，国土面积也是三个国家当中最为宽广的，但是在这出朝鲜版的"三国演义"中，最终胜出的却不是它，而是三个国家当中最弱小的新罗王国。

为什么新罗可以打败比他们强大的百济和高句丽？因为新罗和强大的中国走得最近，而百济则跟日本是朋友，高句丽仗着自己实力强大，从来都不肯服从中国的管束，甚至还经常跟中国发生战争。因此，到了唐朝时期，新罗与唐王朝联合出兵，先后征服了百济和高句丽。后来，新罗通过一系列军事和外交手段，实现了朝鲜半岛大同江以南地区的统一，成了朝鲜版"三国演义"最终的赢家。

赢家轮流做

新罗王国虽然延续了将近千年，但最终还是走上了灭亡的道路。在先后灭掉百济和高句丽之后，新罗王国的宫廷内部矛盾越来越尖锐，时常因为王位继承问题发生暴乱事件。在连续不断的政治斗争中，新罗王国渐渐开始衰落。

与此同时，新罗王国的地方割据势力也越来越强大，农民没有土地，深受地主的剥削和压迫，所以农民起义频繁出现。公元892年，统一的新罗王国分裂为新罗、后百济和后高句丽，朝鲜半岛又一次进入了三国时代。这一次的三国时代，赢家不再是新罗，而是从新罗分裂出来的后高句丽。公元918年，后高句丽发生政变，建立了高丽王朝。公元935年，高丽王朝迫使新罗投降，次年又灭掉后百济，统一了朝鲜半岛大部分地区。

你了解韩国吗

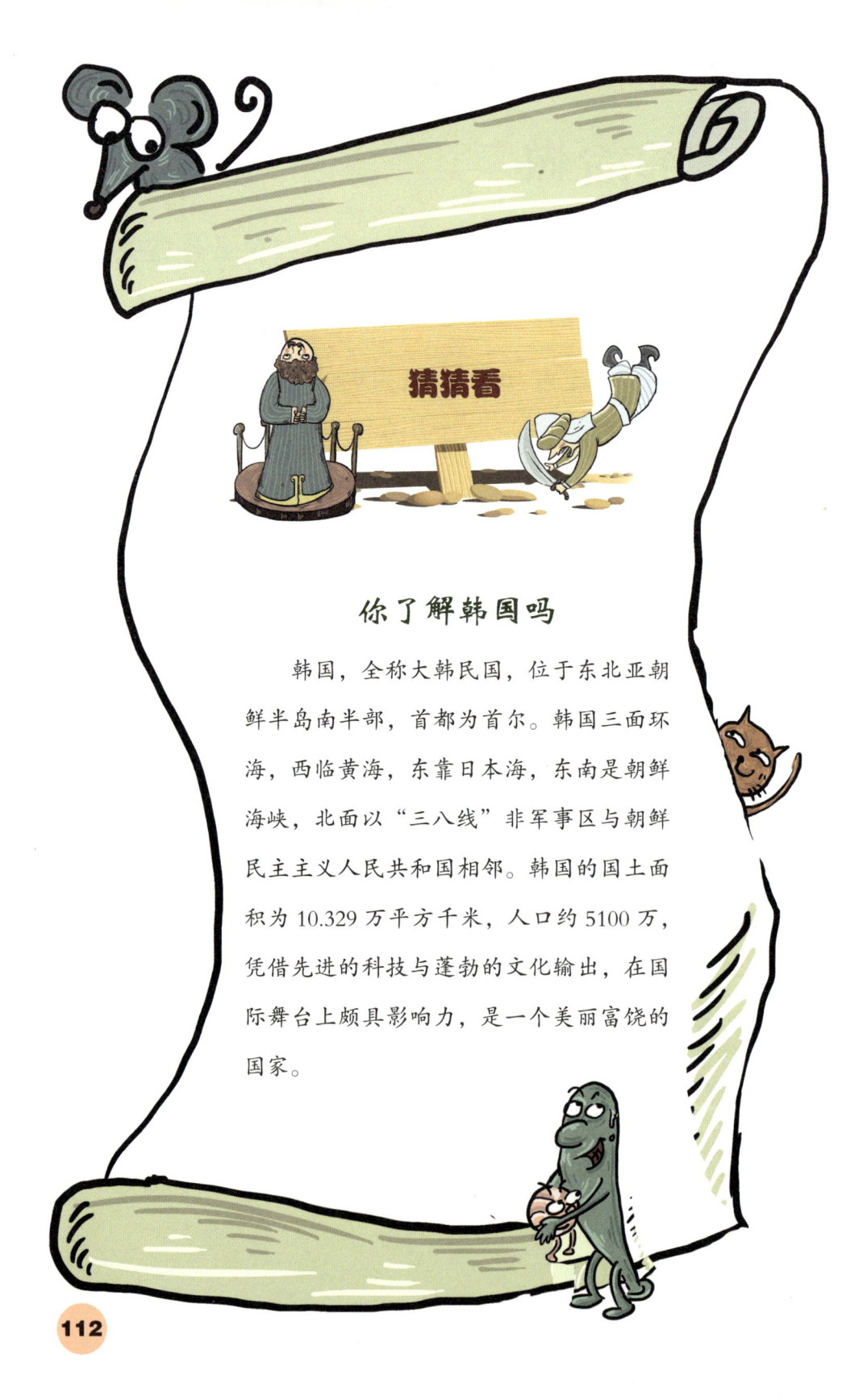

韩国，全称大韩民国，位于东北亚朝鲜半岛南半部，首都为首尔。韩国三面环海，西临黄海，东靠日本海，东南是朝鲜海峡，北面以"三八线"非军事区与朝鲜民主主义人民共和国相邻。韩国的国土面积为10.329万平方千米，人口约5100万，凭借先进的科技与蓬勃的文化输出，在国际舞台上颇具影响力，是一个美丽富饶的国家。

古代的非洲文明在这里诞生

人类是世界上最有智慧的生物，创造了地球上多姿多彩的文化。不同地区、不同人种都有自己文化的发源地。谈及非洲文化，你知道它起源于何处吗？据说，非洲文化的一个重要起源地，如今已不再作为国家形态存在，好在它留下了诸多建筑遗迹和珍贵文物。接下来，就让我们一同探寻那段神秘的过往吧！

它孕育了非洲文明

这个已经消失不见的国家叫作贝宁王国,它位于非洲西部几内亚湾沿海的热带雨林中,距离伊费城240千米。如今,非洲有一个现代国家也叫作贝宁,不过这个贝宁并非历史上的贝宁王国哦。1897年,贝宁王国所在的地方被英国人占领,随后这片土地被并入英属尼日利亚。

是谁建立了贝宁王朝呢

公元14世纪,来自伊费城的约鲁巴人,在非洲西部的贝宁城建立了一个国家,取名贝宁王国。公元16世纪至17世纪,全盛时期的贝宁王国势力范围西起拉各斯,东抵尼日尔河三角洲。埃瓦雷王和他的儿子奥佐卢阿是贝宁王国历史上最著名的两位国王。15世纪末,葡萄牙人来到贝宁城,从那以后,贝宁城成为欧洲商人和非洲内地之间重要的贸易中心,17世纪末以后,随着大西洋奴隶贸易的发展,贸易中心移到几内亚海岸,贝宁王国逐渐没落,走向衰亡。

最有名的青铜雕塑

贝宁文化中最有名的就是青铜雕塑了,当时很多贝宁人都是雕刻青铜的能工巧匠。贝宁王国里建造了许许多多的青铜铸造作坊,青铜业得到了大力发展。

工匠开始是用普通的动物和人像作为题材进行雕刻；后来，慢慢地为王公贵族雕刻，还刻一些神话故事里的人物。因此，这种技术逐渐变成了一种宫廷艺术。贝宁人雕刻的雕像特别精美，对人物的脸部轮廓、嘴巴、眼睛等部位的处理细致入微。有趣的是，他们雕刻的人像大多神情肃穆，且额头突起。

最著名的《母后头像》是贝宁母后祭坛上的青铜纪念像，但其形象被刻画成了一位年轻的公主，象征着旺盛的生命力。她的头上戴着漂亮的帽子，脖子上戴着玛瑙项链，嘴巴紧紧闭着，眼睛看着前方，看起来威严而庄重。

贝宁人还会做什么工艺品

心灵手巧的贝宁人不但会在青铜上雕刻，还能在墙壁、象牙和木头上进行雕刻呢。贝宁王国的王宫叫作奥巴宫殿，"奥巴"就是国王的意思。在宫殿里的每个角落，都能看到雕刻大师们的浮雕作

品，柱子上、屋檐上、门廊边……其中，在象牙上雕刻的叫作牙雕，牙雕都非常精致，一般作为装饰品佩戴在胸前或者腰间。木雕就是普通百姓家里用的了，工匠常常为一些家族的祭坛雕刻精美的木雕头像，有时候也在木雕上装饰一些别的东西。

是哪个坏蛋毁掉了贝宁

贝宁王朝那时是多么兴盛啊！可是到了19世纪，英国殖民者的大炮打破了贝宁人安静的生活。贝宁人也曾拼命地反抗过，可是英国殖民者实在是

太残暴了,他们用炮火猛烈地轰炸贝宁城,数不清的青铜雕像和牙雕、木雕被战火毁坏,特别是木雕,几乎全被大火烧毁。王宫被炸成了废墟,里面的艺术品和金银财宝被殖民者洗劫一空。这个曾经辉煌一时的非洲王国,就这样消失了。

贝宁人雕刻用的青铜是从哪儿来的

你可能会说，是贝宁人自己挖出来的呗，就像古代的中国人用矿石经过冶炼得到铜那样。然而，在当时的非洲西部是没有铜矿的，那时的铜是一种非常罕见的贵重物品，好比现在的黄金一样。最初，贝宁人用的铜是骆驼商队从非洲北部运来的；后来，葡萄牙人开启全球航海之旅，发现了这里。铜这才通过海路，大量地从欧洲"坐船"来到了贝宁王国。

小测试

1. 闽越国人最崇拜什么动物？

    ① 老虎　　② 狼

    ③ 熊　　　④ 蛇

2. 柔然被哪个游牧民族打败了？

    ① 匈奴　　② 突厥

    ③ 契丹　　④ 女真

3. 以下哪一项最能体现斯巴达的核心价值？

    ① 鼓励艺术创作　　　　② 重视商业贸易

    ③ 以军事训练为核心　　④ 发展民主政治